SAINT MÉLAINE

PATRON DE PREUILLY

NOTICE

LITANIES — CANTIQUE

TOURS

IMPRIMERIE PAUL BOUSEREZ
RUE DE LUCÉ, 5

SAINT MÉLAINE

PATRON DE PREUILLY

La fête de saint Mélaine se célèbre à Preuilly le dimanche qui suit l'Ascension. C'est un des plus anciens et des plus renommés pèlerinages de la contrée. Chaque année des foules confiantes y accourent du fond du Berry et du Poitou. Parmi les pèlerins, bon nombre reviennent en actions de grâces pour faveurs obtenues. Les enfants agités de convulsions sont plus spécialement recommandés à l'intercession douce et puissante de notre bon saint.

Saint Mélaine naquit en Bretagne, au diocèse de Vannes, vers l'année 460, d'une famille très-distinguée et fut nourri, dès l'âge le plus tendre, du lait le plus pur de la piété chrétienne. Désireux de s'adonner sans réserve au service de Dieu et à l'œuvre de son salut, il s'enrôla de bonne heure dans les rangs de la milice monastique. Amandus, évêque de Rennes, sous l'inspiration de l'esprit prophétique, avait prédit en mourant que Mélaine serait son successeur. Selon la prédiction, Mélaine, bien que malgré lui, le remplaça en effet sur le siège épiscopal.

Comme notre saint possédait à un degré éminent le don de la parole, il fut chargé par Clovis le Grand de prêcher la foi du Christ en Bretagne, et de détruire les restes de l'idolâtrie. Telle fut, dans cette noble mission, l'abondance des fruits de son zèle, qu'on peut, à juste titre, l'appeler, avec saint Rémi de Reims, un second apôtre des Francs.

Saint Mélaine assista au premier concile d'Orléans, il anéantit presque entièrement le culte des idoles dans le diocèse de Rennes. Après d'innombrables miracles et prodiges, dont brilla son admirable sainteté, il abdiqua la dignité épiscopale et se retira dans le monastère qu'il avait construit près de son pays natal, pensant qu'il lui était bon et avantageux de passer le reste de sa vie à attendre en silence le salut de Dieu, vers lequel, abandonnant sa dépouille mortelle, il fut enlevé en l'année 530.

Son corps fut apporté à Rennes en bateau, et les évêques saint Aubin d'Angers, saint Victor du Mans, saint Laud de Coutances et saint Mars de Nantes, lui rendirent les honneurs de la sépulture. Les miracles continuant après sa mort, les peuples de Bretagne regardèrent toujours saint Mélaine, comme un de leurs plus puissants intercesseurs.

Mais au ixe siècle, sous l'influence de la terreur bien légitime, inspirée par les hordes normandes, les Bretons prirent ses restes glorieux et les transportèrent à Bourges. De Bourges, au xiiie siècle, ils furent transférés au château de Preuilly, qui appartenait alors à Eschivard II, baron dudit et grand ami d'Artus, duc de Bretagne. La cérémonie de cette translation se fit le 12 mai 1224, par Jean de Faye, évêque de Tours, avec un très-grand concours du clergé et de peuple. Elle fut signalée par plusieurs prodiges éclatants. Le corps du saint fut placé dans le tombeau de l'autel principal de l'église abbatiale, consacré sous l'invocation du prince des apôtres.

Mais, dit une pièce manuscrite, portant la date du 4 novembre 1717, la terreur, que faisaient éprouver les Normands, ayant cessé quelque temps après cette translation, et les Bretons, étant revenus pour reprendre le corps de leur saint et le reporter à Rennes, les peuples de la baronnie de Preuilly, ayant à leur tête leurs curés supplièrent Eschivard, leur seigneur, d'interposer ses soins et son autorité pour qu'une portion de ces reliques leur restât, et, par là, de leur éviter la peine du pèlerinage qu'ils se trouvaient obligés de faire en Bretagne, dans la vue de satisfaire à leur dévotion. Le seigneur étant parvenu à obtenir une portion des reliques, il fit bâtir en l'honneur de saint Mélaine, à l'entrée de l'église collégiale de son château, une chapelle qui fut ensuite érigée en paroisse sous l'invocation du même saint.

Ainsi le culte de saint Mélaine, à Preuilly, date de plus de six cents ans. Il y a six siècles passés, que chaque année, dans l'Octave de l'Ascension, se fait, à travers les rues et places de la ville et autour du château, une procession solennelle en l'honneur du glorieux patron de Preuilly.

Recueillons, comme un héritage précieux, ces belles et touchantes traditions de piété et d'amour. Continuons-en la chaîne avec une fidélité jalouse et transmettons-les comme un gage assuré de salut aux générations futures. En retour, ô bon saint Mélaine, veillez sur vos enfants, défendez leur foi, obtenez à chacun un accroissement quotidien de charité, et à tous le bonheur, le bonheur sur la terre, mais surtout la félicité dans les cieux. Ainsi soit-il.

LITANIES

DE

SAINT MÉLAINE

Seigneur, ayez pitié de nous.

Christ, ayez pitié de nous.

Seigneur, ayez pitié de nous.

Christ, écoutez-nous.

Christ, exaucez-nous.

Père céleste, qui êtes Dieu, ayez pitié de nous.

Fils rédempteur du monde, qui êtes Dieu, ayez pitié de nous.

Esprit saint, qui êtes Dieu, ayez pitié de nous.

Trinité sainte, qui êtes un seul Dieu, ayez pitié de nous.

Sainte Marie, priez pour nous.

Saint Joseph, priez pour nous.

Saint Mélaine, priez pour nous.

Saint Mélaine, glorieux serviteur du Christ,

Saint Mélaine, élevé dans les plus purs sentiments de la piété chrétienne,

Saint Mélaine, si désireux de la gloire de Dieu et du salut de votre âme,

Saint Mélaine, modèle de vie monastique,

Saint Mélaine, amateur d'humilité,

Saint Mélaine, sectateur d'obéissance,

Saint Mélaine, miroir de pureté,

Saint Mélaine, qui vous adonniez avec tant d'ardeur à la prière,

Saint Mélaine, si fervent au saint autel,

Saint Mélaine, édification de tous vos frères,

Saint Mélaine, élevé par votre mérite et par le choix de
la grâce à la dignité de pontife,

Saint Mélaine, homme puissant en œuvres et en parole,

Saint Mélaine, apôtre infatigable,

Saint Mélaine, bienfaiteur et père d'un si grand nombre
d'âmes.

Saint Mélaine, vous qui aimiez tant le Seigneur votre
Dieu.

Saint Mélaine, héros de charité,

Saint Mélaine, qui détestiez la médisance,

Saint Mélaine, qui aviez horreur de toute injustice,

Saint Mélaine, qui étiez si heureux de travailler au bonheur des autres,

Saint Mélaine, vous qui aviez une si tendre compassion
pour toutes les infortunes,

Saint Mélaine, qui avez opéré tant de miracles en
faveur des affligés,

Saint Mélaine, vous dont la douceur fut inaltérable.

Saint Mélaine, vous dont la patience ne connut point
de bornes.

Saint Mélaine, lumière de l'Église,

Saint Mélaine, vous qui avez mérité d'être appelé le
second apôtre des Francs,

Saint Mélaine, revenu dans la chère solitude du monastère,

Saint Mélaine, qui avez attendu dans le silence votre
heure dernière et le salut de Dieu,

Saint Mélaine, qui avez glorifié Dieu par votre mort,
comme vous l'aviez glorifié par votre vie,

Saint Mélaine, habitant de la cité céleste,

Saint Mélaine, vous dont les reliques vénérables ont
voulu reposer au milieu de nous,

Saint Mélaine, qui avez fait de cette paroisse le lieu de
votre repos et votre patrie d'adoption,

priez pour nous.

Saint Mélaine, que nos ancêtres ont toujours tant aimé,

Saint Mélaine, qui, depuis tant de siècles, veillez si tendrement sur nous,

Saint Mélaine, vous qui, à l'exemple du divin maître, aimez surtout à bénir les petits enfants,

Saint Mélaine, notre appui et notre espérance,

Agneau de Dieu, qui effacez les péchés du monde, pardonnez-nous, Seigneur.

Agneau de Dieu, qui effaçez les péchés du monde, exaucez-nous, Seigneur.

Agneau de Dieu, qui effacez les péchés du monde, ayez pitié de nous, Seigneur.

Christ, écoutez-nous.

Christ, exaucez-nous.

℣ Saint Mélaine, notre protecteur et notre père, priez pour nous.

℟ Afin que nous devenions dignes des promesses de Notre-Seigneur Jésus-Christ.

Prions.

O Dieu, qui avez été glorifié par la vie et par la mort du bienheureux pontife, saint Mélaine, renouvelez les mêmes miracles de grâce dans nos cœurs, et faites que ni la mort ni la vie, ne puissent jamais nous séparer de la charité de Notre-Seigneur Jésus-Christ qui vit et règne avec vous dans les siècles des siècles. Ainsi soit-il.

CANTIQUE A SAINT MÉLAINE

Air des Bretons.

REFRAIN.

Saint Mélaine, ô bien aimé Père,
Garde, garde en nos cœurs la foi des anciens jours ;
Ton peuple restera, sous ta noble bannière,
    Catholique et français toujours ;
Ton peuple restera, sous ta noble bannière,
    Catholique et français toujours,
    Catholique et français toujours.

1

Ton antique et sainte mémoire
Échappe à la loi du tombeau ;
Quand tout s'évanouit, ta gloire,
Rayonne d'un éclat plus beau.

2

Un souffle béni nous ramène
Le doux parfum de tes vertus,
Et réjouit, ô saint Mélaine,
Jusqu'à la terre des élus.

3

Sous la règle du monastère
Ta jeunesse vient se plier ;
Dans son enceinte solitaire
Tes nuits s'écoulent à prier.

4

L'amour divin brûle ton âme,
Ton cœur se nourrit de ses feux :
O trésor, ô céleste flamme,
Qui te connaît, connaît les cieux.

5

Modèle achevé du vrai prêtre,
De tout malheur, discret soutien ;
Vrai disciple du divin maître,
Le bonheur d'autrui fait le tien.

6

Bon Pasteur, Pontife fidèle,
Tous sont l'objet de ta douceur :
Pour la brebis même infidèle,
Tu es prodigue de ton cœur.

7

Je le sais, ta main bienfaisante
Ne se leva que pour bénir,
De ta bonté toujours croissante,
Laissant à Dieu le souvenir.

8

Dans notre ville hospitalière
Ton corps a voulu reposer ;
Les ans te la rendront plus chère,
Ton cœur ne cesse de l'aimer.

9

Honneur, amour et confiance
Au père de notre cité ;
Eternelle reconnaissance
Au gardien de sa piété !

10

Dans sa blanche et pure chapelle
Combien viendront se prosterner,
Et avec une ardeur nouvelle
De près ou de loin l'invoquer !

11

Bon saint, écoute leur prière
Et le récit de leurs douleurs,
Voici surtout la pauvre mère :
Pitié ! Pitié ! sèche ses pleurs,

12

Durant l'exil de cette vie,
Fais-toi mon ange conducteur ;
Sur la rive de la patrie,
Remet mon âme à son Auteur.

Imp. Paul Bouserez, rue de Lucé, 5, Tours.